主　编：冯　佳

副主编：王英梅　罗　莹　张　莹

编　委（以拼音为序）：

董　薇　何　惠　李　慧　刘昌波

罗　晓　马　丹　汤万杰　唐加玥

王瑾一　吴　笑　徐秋杰

SICHUAN DAXUE

四川大学

学生

心理手册

XUESHENG XINLI SHOUCE

四川大学出版社

SICHUAN UNIVERSITY PRESS

图书在版编目（CIP）数据

四川大学学生心理手册 / 冯佳主编. -- 成都：四
川大学出版社，2024. 7. -- ISBN 978-7-5690-6991-4

Ⅰ．G444

中国国家版本馆 CIP 数据核字第 202464NR30 号

书　　名：四川大学学生心理手册
　　　　　Sichuan Daxue Xuesheng Xinli Shouce
主　　编：冯　佳

选题策划：唐　飞　张建全
责任编辑：唐　飞
责任校对：卢丽洋
装帧设计：墨创文化
责任印制：王　炜

出版发行：四川大学出版社有限责任公司
　　　　　地址：成都市一环路南一段 24 号（610065）
　　　　　电话：（028）85408311（发行部）、85400276（总编室）
　　　　　电子邮箱：scupress@vip.163.com
　　　　　网址：https://press.scu.edu.cn
印前制作：四川胜翔数码印务设计有限公司
印刷装订：成都市火炬印务有限公司

成品尺寸：146 mm×210 mm
印　　张：2.75
字　　数：95 千字

版　　次：2024 年 7 月 第 1 版
印　　次：2024 年 7 月 第 1 次印刷
定　　价：10.00 元

扫码获取数字资源

四川大学出版社
微信公众号

CONTENTS
目录 ↙

爱
的宣言

四川大学心理健康教育中心
（作者：庄明华）

如果说我拥有什么最奇特的东西
那一定是我的爱了
如果能把它捏成任何模样
那么我想
我会毫无保留地喜爱自己
看到自己的无限可能
也接受自己的所有局限

我完全了解
只有当我无条件地肯定与欣赏自己时
我才会生活得幸福、快乐
我会不知疲倦地热爱生活
每一个清晨的懒腰
每一抹天边的晚霞
每个日夜
每次呼吸
我都要认真地感受
无论平凡与否
都要尝到生活的甘甜

我会接受并爱上肩负的责任
我知道
学生、家人、公民这些标签并不是我所爱
我爱的
是与这些标签相联结的责任
在我失意时
能因无条件的支持而感到安心
在需要给予时
能为有能力付出而感到自豪

我会矢志不渝地深爱整个世界
像一个孩子一样
去发现这个世界的万千奇妙
我相信
每一次的相遇都不潦草
我也终能写下自己那绚烂的一笔
我相信
天空的广阔可以包容我所有的委屈
土地的无垠能承担我全部的痛楚
我可以毫无顾虑
自由自在地与全世界相拥
最重要的是
我会充满热忱地敬爱生命
不论是自己还是他人
陌生还是熟悉
尊重生命的每一种可能
惊艳于它的缤纷多彩

我深深地知道
因为生命
一切才有了意义
因为心脏每一下用力的跳动
我才能够去听、去看、去感受
去每一个想去的地方
做每一件想做的事情
那些否定永远不会、也不能磨灭生命的痕迹
不能浇灭我去感受整个世界的热情
不能减淡我生活的色彩
不能阻止我去爱我自己、成为我自己
这就是我的爱的模样
也是我爱的模样

四川大学心理健康教育中心
简介

总体介绍

　　四川大学是国内较早开展心理工作的高校之一。最早追溯到20世纪80年代初期，德育教研室的老师们就兼职开展了心理健康教育和心理咨询工作。2002年，四川大学心理健康教育中心（以下简称中心）正式成立。2016年获批"全国高校心理健康教育与咨询示范中心"，2020年获批"四川高校心理健康教育示范中心"，2021年获得"四川省普通高校心理健康教育工作先进单位"荣誉称号，2021年入选"全国高校心理委员研究协作组理事单位"，2023年荣获"2022—2023年度四川省普通高校心理健康教育工作突出贡献奖"

　　中心现有11位专职教师，其中副教授2名，讲师9名；具有博士学位4名，硕士学位7名，同时还聘有兼职咨询师26人和兼职授课教师33人。

　　我校全方位构建教育教学、实践活动、咨询服务、预防干预"四位一体"的心理育人工作格局，形成全员、全过程、全方位的心理育人合力，构建具有中国特色和川大风格的学生心理健康教育服务体系，培育大学生自尊自信、理性平和、积极向上的健康心态，为大学生健康成长保驾护航。以发展型和预防型的心理健康教育为主，以课堂教学、课外教育指导为主渠道和基本环节，形成课内与课外、教育与指导、咨询与自助紧密结合的心理健康教育工作网络和体系。

◆ 发展历程

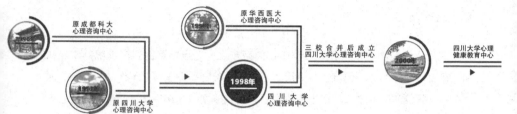

原成都科大
心理咨询中心

原四川大学
心理咨询中心

原华西医大
心理咨询中心

1998年

四川大学
心理咨询中心

三校合并后成立
四川大学心理咨询中心

四川大学心理
健康教育中心

◆ 场地展示

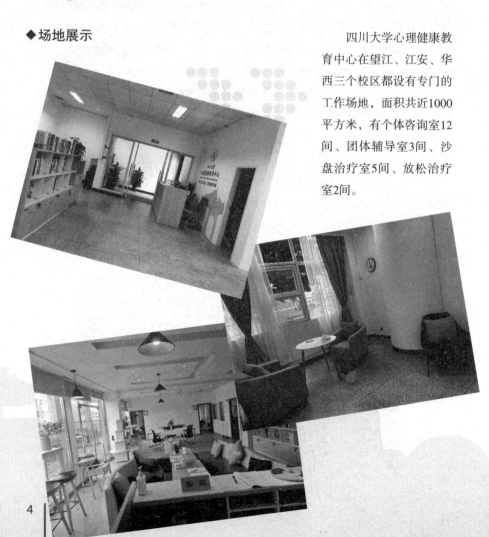

四川大学心理健康教育中心在望江、江安、华西三个校区都设有专门的工作场地，面积共近1000平方米，有个体咨询室12间、团体辅导室3间、沙盘治疗室5间、放松治疗室2间。

教育教学

　　一是将心理健康教育、生命健康教育和安全教育纳入课堂主阵地。开设"大学生心理健康"必修课，共16学时，每年选课人数近1万人，做到本科生全覆盖，并辐射到研究生；开设系列选修课程，如"团体心理学""得觉智慧课"等；开设通识教育核心课程"内在的宇宙：探索心灵的奥秘"，帮助学生了解自我、悦纳自我、突破自我，筑牢自尊自爱的基础。

二是以课内课外、线上线下相结合的方式，提升心理课程教育的实效性。依托"云上川大"平台"大川学堂"建设云上直播课；建设精品慕课课程"大学生心理健康"。

"大学生心理健康"
慕课二维码

三是结合学生当下的需求，邀请国内知名专家，面向全校学生举办"悦心"云端系列讲座，培育学生自尊自信、乐观向上的健康心态，增强和提升学生的心理调节能力和心理素质。

悦心讲座
5·25心理健康月系列活动

生命之树何以长青

讲座信息

讲座题目：《生命之树何以长青》
主讲人：梁中和
讲座时间：4月16日（周日）19:00—20:30
讲座地点：东三教演播厅
主办：四川大学心理健康教育中心
协办：四川大学心理协会

讲座简介

人生百年，转瞬一世，最重要的问题是什么？有人说死亡的问题或摆脱生命的问题最大，有人说现实自我或选时俗价值量重；但还有比这些更重要的问题，即这种人生，这个世界究竟有没有一个终极的意义，或者说是一个意义的终极源头的问题。如果没有这个终极意义，那么人生、动物和植物的生命，甚至岩石、地球和宇宙，就只是偶然的智时的存在，"光阴者，百代之过客，而浮生若梦"。（李白《春夜宴桃李园序》）早死晚死，好逃苦逃，就只是前后相随和上下无常的过眼烟云，最后一切都迟早拉倒。但是，如果有这么一个意义，那么这一切就都不是散漫缥缈而纷争的灰灰虚渺的了，而是有着前后相随和上下真意义的道路。本次讲座将带领同学们人员有史以来追寻终极意义的道路上，在几个重要的事项和考证、激发大家深入思考这些问题与我们生命的关联，开启各自的智慧之旅。

无情的天地与多情的万物
——中国诗歌的人间情怀

讲座信息

讲座题目：《无情的天地与多情的万物——中国诗歌的人间情怀》
主讲人：王红
讲座时间：5月14日（周日）19:30—21:00
讲座地点：江安校区水上报告厅

讲座提要

《老子》说"天地不仁，以万物为刍狗"，诗人却说"江山如有待，花柳更无私"。文学、艺术让世界和万物变得"有情"，人类有机会从自然中感受生命的律动，享受生机、美好、可爱。
诗是一种"软力量"，中国古代优秀诗人，大多是从万物中汲取生命能量以自救的艺术典范。即使是处理虚无、消极的题材，都可指向爱与美，彰显珍爱、珍惜。即使面对末日，诗人依然能够歌唱。

成就快乐人生——大学生秋冬季心理自我调适

"自古逢秋悲寂寥"
秋冬季节的来临，
伴随着日光减少，早来凋零，
让人感到凋怅、伤感、疲惫，
抑或都秋的状态——
为什么人在秋冬时节会情绪低落？
我们又该如何进行自我调适呢？

讲座题目：成就快乐人生——大学生秋冬季心理自我调适
主讲人：杨萍医生
讲座时间：10月13日（周五）下午14:30—16:00
讲座地点：江安校区综合教学楼C307

四是联合兄弟高校打造全国首个高校家校心理课堂教育活动——"大学生家长空中课堂"，现已推出32期。该活动贴合家校互通的主题，由心理专家在线授课，引导和帮助家长掌握教育和沟通技巧，从而创造良好的家庭支持，与孩子建立更亲密的亲子关系。

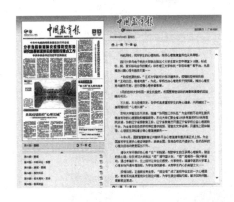

"大学生家长空中课堂"课程合集

🌱 四川大学心理健康教育...

"大学生家长空中课堂"第十二课 家庭环境的生活习惯与...
原创:川大心理健康中心

"大学生家长空中课堂"第十一课 如何与孩子做朋友
原创:川大心理健康中心

"大学生家长空中课堂"第十课 如何与孩子沟通"唯成绩论
原创:川大心理健康中心

"大学生家长空中课堂"第九课 接得住孩子的负面情绪
原创:川大心理健康中心

"大学生家长空中课堂"第八课 亲子关系温暖情感的艺术
原创:川大心理健康中心

"大学生家长空中课堂"第七课 如何发现和识别孩子出现了...
原创:川大心理健康中心

如何做幸福的家长（二）
四川大学心理健康教育中心 2021-05-08 13:50

"大学生家长空中课堂"第一课
如何做幸福的家长（二）

家长们需要认识孩子的思维状态和情绪，将自己从聪明的家长转变成智慧的家长，屏蔽未来，减少执着，用引导代替催逼，并接纳孩子的不足，当家长们站在孩子的立场去看得世界时，一切都会变得和蔼可亲和"起来。

Thanksgiving 感恩有你

实践活动 ⬊

　　一是丰富实践活动，推进第二课堂实践教育交融渗透。以"5·25大学生心理健康教育月"为抓手，以"学生社团"为牵引，开展各类丰富多彩的活动，帮助学生缓解学习压力，加强人际交往，提升应对挫折的心理品质，塑造学生自尊自信的阳光个性，激发学生追求卓越的精神和内在动力。每年开展活动80余场。

二是做好"四川大学心理健康教育中心"微信公众号的升级运营，通过闲听心晴、明远小屋、心理科普等板块，建设融思想性、知识性、趣味性、服务性于一体的平台，推送心理健康知识，营造线上线下、课内课外相结合的全方位育人氛围。

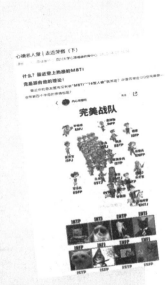

三是持续开展贴近学生需求的团体辅导，以自我成长、学业、情绪、人际、恋爱、职业规划等为主题，提供丰富的团体辅导菜单供学生选择，宣传心理健康知识，倡导健康生活方式，传播自尊自信、乐观向上的理念和心理健康意识。

○ 团体招募对象

四川大学在校学生，10-12人

○ 团体时间

4月10日、4月17日、4月24日、5月8日、5月15日
每周三下午14:00-16:00，共五周

○ 团体地点

江安校区

○ 带领者

马佳，心理健康教育中心专职教师。从事大学生心理健康教育工作十余年，擅长处理亲密关系、人际交往、情绪管理和个人成长。

○ 团体计划

成长板块	周次	主题
建立联结·小学相识	第一周	破冰相识
	第二周	你怎样成为了今
看见自己·开启觉察	第三周	书里内在小孩
	第四周	发掘记忆中的宝藏
看见他人·美美与共	第五周	喜悦健康的关系

爱的理论复杂繁多，在人生的漫漫长河中，即使了解了这些理论，我们也依然要面临那情的纠缠中，总是在寻找最优解的路上。

那些难以言喻的悸动，那些渴望被回应的试探，那个个人在心中带相挥之不去的身影，都在找慢慢我们的内心，而我们加之经验与阅历，对爱情的认知比较浅显，更是平添了几分烦恼。

那么，让我们一起来开开的翅膀

在这里，有专业的心理老师陪您
帮助您们更加深入地
了解两性思维方式的差异
获取良好的沟通技巧

在恋爱中也能自我探索和成长
在静待绽放绚丽的同时
让自己尽绽放出光彩

15

四是创立四川大学心理名师工作室。聘任四川大学心理健康教育中心专家委员会主任、著名心理学家格桑泽仁教授作为首席专家。与四川省教育厅"心晴"英梅名师工作室合作，充分利用"名师"资源，促进心理工作队伍成长，形成团队凝聚力，用老师们的热情、真诚和专业更好地为学生提供服务。

咨询服务

一是在三个校区持续开展面对面心理咨询，每周为学生提供170余个心理咨询服务时段，覆盖工作日全天和周末。同时开设了每周一下午的教师咨询时段。

二是每晚19点至22点开通阳光心理热线服务，向学生提供及时、有效的心理健康指导与咨询服务。

三是坚持"以学校为主导，以学院为主体"的方针，实现学院二级辅导站全覆盖，现已建成41个，并形成定期召开二级辅导站工作例会制度。学院可结合自身实际情况

更加有效地开展心理健康教育，充分调动全院师生的积极性和主动性，将日常心理健康教育与心理危机干预密切结合。

四是强化工作规范，健全心理健康指导与咨询服务的值班、预约、转介、重点个案反馈等制度。遵循心理咨询伦理规范，建立心理数据安全保障机制、个案管理和个案督导机制，提升心理咨询师的胜任力。

◆ 如何获得服务

咨询时间：

望江/华西校区：上午9:00—12:00；下午14:30—17:30；晚上18:00—21:00

江安校区：上午9:00—12:00；下午14:00—17:00；晚上18:00—21:00

咨询预约方式：

统一通过"云上川大"App或微信公众号"四川大学微服务"进行操作，点击"心理服务"即可进行预约。

心理咨询室电话和地址：

望江校区：028-85463928，文华活动中心一楼

华西校区：028-85463928，二教附楼125、126室

江安校区：028-85992256，商业街三楼

阳光心理热线：028-85401212

热线时间：每晚19:00—22:00

四川大学心理健康教育中心

微信公众号

◆心理健康普测与绿色通道就医

一是在每学期开展心理健康普测，对高危预警学生进行访谈评估。同时为全体学生开通自助心理测评，通过"云上川大"平台进行测试。

二是依托四川大学华西医院心理卫生中心深入推进和细化精神疾病绿色通道转诊制度，充分利用各种资源构筑起保护学生身心安全的防线。

关于
心理咨询

我们什么时候需要
心理咨询？

世界卫生组织（WHO）对"健康"的定义包括：生理（躯体、器官）健康；心理（认知、情感、意志、人格特征）健康；良好的社会适应能力。

简单来说，心理健康的人应该有工作（或学业等）、有朋友、有现实感、有乐趣，他们了解自己、悦纳自己，愿意努力发展身心的潜能；对于自己无法补救的缺陷能坦然接受，而不做无谓的怨尤；他们能和现实环境保持良好的接触，能客观地观察环境，有效地适应环境；能切实处理生活中的问题，而不是企图逃避。

心理健康的人并不是没有心理困扰或永远开心快乐，而是能够及时调整或寻求帮助，以积极的心态面对困难，并从中学习到有益的人生经验和智慧。

当然，需要心理咨询的人也不一定是不健康的人，每个人都有可能遭遇不如意的事情。在遇到以下这些情况时，我们都可以选择心理咨询来帮助自己。

有很长一段时间觉得非常孤独，想找人说说话。

刚来到新学校，在学习或生活上遇到了一些困难，或与同宿舍的同学相处不愉快。

发现自己性格有些变化，比以前更加沉默寡言，常常哭泣，注意力不集中或有辍学的想法。

在情感问题上出现困扰，心情沮丧且长时间无法摆脱，或是情感道路上出现的激烈冲突、失恋等让你一时间无法应对。

觉得无法与父母顺利沟通，常常和他们产生冲突，甚至周末和假期不愿意回家，不想见到他们。

和恋人、舍友、同学、辅导员、导师或其他任何关系重要的人产生冲突或不愉快，甚至开始影响你正常的生活学习。

学习、生活、情感压力过大，使你出现胸闷难受、心口疼痛等躯体化症状，但到医院检查又查不出身体问题。

对毕业后何去何从充满困惑，不清楚自己未来的职业兴趣或发展方向，在寻找工作、实习、教研以及申请出国留学的过程中遇到了不能独自承受的压力。

发现自己每天上网的时间越来越长、与现实生活中的朋友接触越来越少；对于某些特定的物体和行为出现过分的恐惧；某些行为或对于某一事物的思维反复顽固地出现而无法摆脱，对于食物、烟、酒精、网络等出现依赖，且被一些性问题困扰；遇到亲人、朋友去世或被威胁等突发事件之后一个月以上仍继续被这些事件的回忆干扰生活。

总之，我们产生任何心灵成长的愿望或心理困惑，都可以寻求心理咨询。

在任何时候，如果你发现自己或周围的同学、朋友出现以上状况，或觉得他们最近有些不对劲，都可以善意地向他介绍心理健康知识，建议他寻求专业的心理帮助。

关于心理咨询的
一些疑问

如果我去做心理咨询，我的秘密会暴露吗？

许多同学担心自己和心理咨询师说的话会被别人知道。在心理咨询行业中，保密原则是最重要且最基本的准则，也是心理咨询师的职业道德要求。一般情况下，心理咨询师会严格遵守保密原则，不会对任何人说起咨询内容，所有的个案记录也将严格保密。唯有以下两种情况例外：一是咨询内容涉及高风险的人身伤害问题，包括伤害自己和伤害他人；二是因涉及法律刑事案件，法院或公安机关提出要求时。

心理咨询有用吗？

学校心理健康教育中心的咨询师均具有专业教育背景，经过了严格的考核、培训、督导。从心理中心的咨询反馈结果来看，来访者对心理咨询的满意度较高。通过咨询，来访者的焦虑、抑郁、创伤等症状显著减少，维持亲密关系、社交等社会能力明显提高；在负面情绪影响下伤害自己或他人的情况大幅下降。心理咨询的效果不但取决于咨询方法本身，也和来访者的期望、来访者与咨询师建立起的彼此信任、分享的咨询关系等诸多因素有关。对于那些积极期望改变的人来说，咨询效果往往更好。

心理咨询就是找人聊天吗？

心理咨询和聊天有很大的区别。咨询师与来访者需要共同制订合理、可行的咨询目标，通过谈话、模拟、练习、分析等各种方法一起探索、尝试、体验，最终达成心理咨询目标。

我从来没做过心理咨询，需要准备什么吗？

有些同学在来咨询前会写好自己要咨询的问题，有些同学喜欢提前看一些心理学方面的书籍。建议你安排好一段固定的咨询时间，因为大多数情况下，心理咨询不是一次就结束的。如果有可能的话，你还可以准备好开放、积极、主动解决问题的心态。

心理咨询师是什么样的？ 他们值得信任吗？

心理咨询师是一群受过专业心理咨询培训的普通人。按照规定，咨询师必须严格遵守保密原则等职业道德，以来访者的利益为第一考虑。若有兴趣，你可以提前登录四川大学心理健康教育中心网站主页查看咨询师的信息，选择你愿意与其一起解决烦恼的咨询师。

去做心理咨询就等于患有"精神病"吗？

在我们厚厚的咨询记录中，来访者的问题集中在人际交往、学业、情感困惑等常规心理不适应问题上，心理疾病（如精神分裂症、双相情感障碍、抑郁症等）只是少数。如今，心理咨询也越来越被在校学生所接受。

接受心理咨询并不等于患有"精神病"，它是一种主动寻求帮助、积极解决问题的生活态度。当然，罹患精神疾病也只是生病而已，并不是丢人的事。也许，你会在和心理咨询师交谈的过程中豁然开朗；也许，你会发现困扰自己已久的问题原来是生命最好的安排；也许，你会和老师一起"逐个击破"你的非理性认知；也许，你将亲历一番不同寻常的内心之旅，让你的内在智慧提升到一个新的境界！

学校提供的
心理咨询服务有哪些？

敞开困惑心扉　　拥抱美好明天

面谈心理咨询

我们对本校全日制在校学生、教职工提供免费咨询。

咨询室地点：望江校区文华活动中心一楼（电话：028-85463928）；江安校区商业街三楼（电话：028-85992256）；华西校区二教附楼125、126室（电话：028-85463928）。

预约心理咨询："云上川大"App或微信公众号"四川大学微服务"。

第一次咨询：请在预约时间前10分钟到达咨询室，填写信息登记表。

咨询过程：一次咨询时间一般为50分钟。根据每个来访者的不同情况，咨询一般需要3到8次，也有些问题一次咨询就可以解决。咨询过程中，咨询师将与你一起面对你遇到的困扰，帮助你疏导情绪、应对问题。

结束咨询：当你觉得自己的问题已经解决或已经有能力去面对，或者咨询师觉得可以结束咨询时，可以和咨询师讨论结束咨询。如果你觉得咨询过程不满意，也可以主动要求结束咨询或更换咨询师。

热线心理咨询

心理健康教育中心向全校师生开通阳光心理热线，可以在每晚19：00—22：00拨打热线电话028-85401212进行心理咨询。电话咨询的时长一般不超过30分钟。

大学里可能面对的
困惑和应对方法

规 划 篇

如何制订规划，更好地适应大学校园生活？

进入大学后，同学们终于可以放下高考的重担，全力追逐自己的理想。大学生活只有短短四年，如何合理安排大学的时间、有意义地度过大学生活至关重要。大学阶段的学习生活更强调自主性，需要尽快了解自己所在的学校、所学的专业，然后有意识地去制订规划并严格执行，从而逐渐适应大学生活。

规划的步骤

1. 进行自我评估

为尽快实现从高中生到大学生的角色转变，以全新的姿态迎接自己的大学生活，你可以进行自我评估，对自己有一个全面、准确的了解。

2. 确立目标

初入大学校园，如果你并没有非常清晰的生活及学习规划，确立目标或许可以帮助你更好地适应大学生活。目标可以是多方面的，但最好具体可行，如拿到奖学金，参加竞赛，参加学生组织、社团或担任班委，通过大学英语四六级考试，坚持锻炼，学会自我管理等。

3. 制订方案

在了解自己并确立目标后，同学们可以着手制订一套适合自己的方案，妥善安排自己的时间。例如，你想要拿到奖学金，就要制订一个学习计划，合理规划时间，努力学好自己的专业知识，刻苦钻研，认真完成平时作业，讲求理论与实践的统一，好好准备各项考试，争取取得满意的成绩。

4. 坚持执行计划

坚持执行自己的计划，脚踏实地。执行计划是实现目标的途径，而科学高效地实施计划，及时、定量地完成计划内容，等于在人生道路上不断前进。执行计划的过程也是一个不断积累的过程，既要学会自我管理，又要保持一定的灵活性，学会自我调节，适当地调整自我状态。

此外，同学们还可以建立自己的社交网络，多认识一些同学、老师，他们不仅可以给你支持，还可以与你分享经验、意见甚至内心世界，在你迷茫的时刻及时提供指引，帮你适应大学生活。

考研、就业、出国、考公……该如何选择和准备？

大学阶段，是同学们为走向社会做准备的关键阶段。四年时间稍纵即逝，因此制订好大学生涯规划，为人生未来发展做好准备是非常重要的。而进入大学后能尽快确立自己的目标是成功的起点。大学生如果能对自己的未来及时做好规划，有所设计，现实的学习和生活就会指向这一目标，每一天就会过得很有意义，就会成为对未来有所准备的人。

作为即将与社会接轨的大学生，学习不能再单纯是为了成绩或得到奖励，因为这样的学习没有目标和方向，视野也会相对狭窄，导致学习的意义逐渐模糊，动力也慢慢不足。有相当一部分大学生，进入大学后对自己的大学生活缺乏规划，导致自己浪费了不少时光，效率低下，收获也寥寥无几，毕业时回头盘点大学生涯，才后悔不已。

因此，我们建议同学们进入大学后，应该尽快弄清楚三个规划——人生规划、职业规划、学业规划。人生规划是指导职业规划的，职业规划又是指导学业规划的。可以说，我们制订学业规划是为了给自己的职业规划服务，而职业规划又是为了给人生规划服务。每位同学都应有自己的人生理想和目标，了解哪种职业能帮助自己实现人生理想和目标，为了实现这样的职业目标，需要掌握哪些知识和技能就相对容易搞清楚了，于是学业规划就可以围绕着获得这些知识和技能来制订。

当同学们明确了自己需要的知识和技能后，接下来就面临大学阶段方向的确定了。本科阶段的学习结束后，同学们的毕业去向大概分为国内读研（推免/考研）、出国/出境留学、单位就业、报考公务员以及自主创业。无论选择哪一种方向，都需要我们尽早开始思考、学习和准备。

以下是针对每类方向需要在大学各个阶段做的准备工作，供同学们参考。

1. 关于推免

随着社会对高学历人才需求的逐渐增加，越来越多的同学选择在本科毕业后继续攻读研究生。作为建设"双一流"高校的四川大学，也将培养各行业的领军人才作为人才培养目标，鼓励本科生读研。如果在大学阶段学业成绩足够好，是可以争取推荐免试攻读研究生资格的。那么同学们可以从一开始就将争取推免资格作为本科阶段的学习目标之一，认真投入学习和提升综合素质。

大一阶段：大一的必修课较多、学分较重，因此大一的课程成绩在很大程度上关系着是否能顺利入围推荐免试攻读研究生资格名单。在这个阶段，需要同学们静下心来学习，打好基础，扎实学习各科课程，尤其是所有必修课以及选修课中的专业核心课，这些课程的成绩都会计算进推免的综合成绩；同时，同学们可以参加一些力所能及的比赛，如大学生英语竞赛、数学竞赛、数学建模比赛等，或者参加一些学长学姐牵头的"大创""大挑""互联网+"等项目，热热身、练练手。

大二阶段：大二的学业同样比较重，课程成绩需要尽可能地拿到高分。同时，大一大二所有必修课成绩的排名已能初步判断是否能在大三结束时入围推免名单。大二阶段有推免意愿的同学们可以继续参加一些学科竞赛；尝试自己主持一项大学生创新创业训练计划、大学生挑战杯比赛、"互联网+"比赛等项目，因为项目周期一般来说至少一年，因此大二申请项目，大三结题是比较合理的；还可以撰写和发表与自己本专业相关的学术论文。在学有余力的情况下，尽量地参加一些有益的课外活动。

大三阶段：大三认真修读专业核心课，进一步打造自己的推免优势。大三阶段也是查漏补缺的阶段，准备推免的同学一般会在这个阶段为自己争取更多的加分项。大三下学期，很多高校会开始推免夏令营选拔，同学们可以根据自己前五学期的必修课成绩排名，向心仪的学校递交夏令营申请，争取获得入营资格。通过夏令营学习考察，若能成为"优秀营员"，就相当于获得了对方学校研究生的"准入券"。

大四阶段：大四开学后，学校就会开始进行推荐免试攻读研究生选拔工作，一般到10月初确定推免公示名单。公示通过后，报送学校教务处审查，审查通过即获得推免指标。

2. 关于考研

如果对自己能否取得推免资格不太确定，那么可以也考虑参加全国研究生统一考试，并尽早做相应的准备。

大一阶段：认真学习本专业公共课和专业基础课，尤其是数学、英语，打下扎实的基础，为日后备考研究生做好基础性准备。同时，广泛且深入地了解各专业内涵和前景，根据自己的职业规划和学习兴趣，慢慢锁定自己的意向学校及专业。越早确定目标院校以及目标专业越好，这样可以尽早明确自己的时间如何分配，在考研这件事上需投入多少精力和时间，以及什么时候开始复习是合理的，以便做好规划。

大二阶段：认真学好本专业课程，如果需要跨专业考研，那么可以在大二下期开始着手学习该专业的考研课程。合理安排好时间，才能在不耽误本专业学习的同时自学另一门专业的考研课程。如果意向读研专业就是本科专业，那么更要认真学好每一门公共基础课和专业课程。

大三阶段：正式开始进行考研信息的收集和整理，明确自己的考研学校和专业，关注过去几年的考研分数及分数线，练习和总结以往真题。考研准备最迟应从大三寒假开始，可以制订一份考研复习计划表。可以联系已经考上目标学校的学长学姐咨询复习方法和注意事项，也可以选择通过考研论坛等渠道获取一些优质的考研资料。大三下学期的复习重点主要还是夯实基础和综合提升，也有很多同学会在大三下学期和大三暑假选择一家可靠的考研培训机构进行系统培训。

大四阶段：大四上期就是考研最关键的提升和冲刺阶段了。很多同学会在这个时期放弃参加学校组织的各类招聘会，安心复习备考。全国研究生统一考试一般会在12月中旬进行，并在第二年2月底公布成绩，3月初公布国家划线。接下来，各个高校将陆续公布学校划线，并于4月前进行考研复试，5月前，公布研究生录取名单。

当然，大学生活并不只有学习，在抓好学习的同时，还可以参加各种学术比赛、课外活动、社团活动、学生工作、社会实践等，从而丰富大学生活，提升综合能力。

3. 关于留学

近几年，有越来越多的大学生选择到境外/国外留学深造，从而开阔视野，感受不一样的文化和教育。如果经济条件允许，而且父母也比较支持，可以考虑申请出国/出境留学。

大一阶段：认真学习本专业课程，了解留学资讯，明确意愿及方向。夯实英语基础，提升英语水平，增加词汇量。暑假进行专业相关实习，并开始制订初步留学方案。

大二阶段：继续认真学习本专业课程，保持较高成绩，争取拿到更高的GPA（平均学分绩点），在校积极参与竞赛及活动，同时注意培养专业相关技能（如计算机、绘图、Python等）。备考雅思或托福（视自身情况而定，如果无法决定，可以雅思为主），针对首次考试的具体情况来调整自己的留学计划。雅思出分情况好就用雅思成绩，如果出分欠佳，需要及时调整策略，可以试考托福。暑

假继续进行专业相关实习，积累实践经验，提升软实力。

大三阶段：根据自己情况保持成绩或努力提升GPA（重点提升专业课以及与申请相关课程的成绩）。再次参加语言考试以提升成绩。如果需要，可以开始准备GRE/GMAT（留学研究生入学考试/经企管理研究生入学考试），建议优先选择GRE。暑假根据最终决定申请的专业，参加更具含金量的相关活动、实习、科研项目。

大四阶段：开始着手准备文书、简历、推荐信等资料，开具存款证明，提交网申材料，跟踪申请进度，准备面试内容，制作补充资料。

通常情况下，会有学工部思学工作室以及各个学院老师、相关留学服务机构为有留学意愿的同学们提供留学服务咨询。

4. 关于报考公务员

如果同学们有坚定的政治信仰、深厚的家国情怀、良好的政治觉悟和为人民服务的初心，愿意为党和国家的发展建设贡献力量，那么可以树立报考公务员的志向。这需要做到以下几点：积极递交入党申请书，加强学习党的理论知识，提升政治觉悟和思想修养，向党组织积极靠拢，争取早日成为一名中共党员；加强时事政治学习，培养自己独到的思考能力；多收集关于考公的相关信息和注意事项，有针对性地做准备。

对应届毕业生来说，想要进入公务员体系，一般可以参加国家公务员考试、省公务员考试以及选调生考试。各考试信息会在其官网上公布，如国家公务员考试报名时间一般在10月底，考试时间一般在11月底至12月初，其报考信息及报名渠道可以关注国家公务员局官方网站。各省的公务员考试时间不尽相同，可以在对应省份的人事考试局官方网站上找到相应信息。选调生考试具体信息则可以查询四川大学毕业生就业网通知栏或者咨询辅导员老师。

公务员考试基本流程如下：报考 → 资格审核 → 打印笔试准考证 → 参加笔试 → 笔试通过 → 打印面试准考证 → 参加面试 → 面试通过 → 打印体检通知书 → 参加体检 → 体检合格 → 参加政审 → 政审合格 → 拟录用公示 → 公示无异议 → 录用（注：个别选调生考试会有差额考察阶段）。

公务员考试的备考虽然主要集中于大三或大四，但考试和政审能否通过，仍然

得从大一开始准备，同学们给自己各方面打下的基础，包括思想品德、现实表现、学业情况、社会实践、学生工作等，都是实现自己目标必不可少的因素。因此，需要同学们从进校开始就明确目标、着手准备。

5. 关于就业

当然，每年在本科毕业之时选择直接就业的同学也占有相当一部分比例。四川大学因为学科门类齐全，涵盖的专业类别多、覆盖面广，因此每年都吸引大量用人单位到校招聘应届毕业生。打算直接就业的同学在大学中也要积极利用学校给予大家的平台和资源，认真锻炼和提升自己的综合能力，为未来面对用人单位进行双向选择时做好充分准备。

大学阶段，不论就业还是深造，都需要同学们立足于专业学习。首先，专业知识是我们将来区别于其他大学生的核心能力，认真学好专业知识有利于提升我们的核心竞争力；其次，通过本专业完整系统的学习，我们能够以系统的思维去发现问题、解决问题，做到触类旁通、举一反三，这无疑有益于我们在今后的工作岗位中提升工作能力；再次，很多用人单位会认为，学习是学生最主要的任务，如果一个学生没有能力完成好自己的本职工作，那么很难相信他走入职场以后，能在工作中完成好自己的主要业务；最后，一名优秀的大学生，在学习优秀的基础上还有其他方面突出和优异的表现，就会成为用人市场争相抢夺的对象。因此，不能因为自己反正既不打算推免或考研，也不准备出国/出境深造，就不重视学习。在大学里，学生间流传了一个形象的比喻：学习是1，其他能力是0，只有在1存在时，后面增加0才有意义；当1不存在，0增加得再多，最终也只能是0。

当然，近几年用人单位也越来越重视同学们的社会实践经历以及学生工作经历，这就要求同学们在学习之余，应积极参加学生工作、社团活动，利用寒暑假的时间，多参加社会实践、公益活动、单位实习以及一些实战类的比赛，这些都有助于提升同学们的竞争力。

各类社会实践、公益活动、实习招聘等信息，都可以通过校团委、教务处、毕业生就业网获得。

6. 关于创业

大学生创业一直都是大学毕业生就业去向的一个重要分支，国家也对大学生创业给予支持和鼓励。创业不仅能解决自身的就业问题，还能不同程度地为社会提供就业机会。有创业条件和意愿的同学，需要了解创业的以下几个要点，便于自己做出选择。

创办小微企业通常需要具备三个要素：知识技能、资金、社会化服务体系。

创业者需要具备的素质：语言表达与交流沟通能力、创新创造能力、自我提高能力、与人合作能力、解决突发问题的能力、信息处理能力、外语应用能力。

启动创业需要的资源：包括人力和财力两方面，创业者需要具备充足的经验、流动资金、时间和毅力。

可行的概念：生意概念不怕旧，最重要的是可行，有长久性，可以持续开发扩展。

基本的技能：这不是指行业中的一般技能，而是通常性的企业管理技能。

行业的知识：要具备有关行业的知识，不能只陶醉于自己的理想。

创业的才智：创业者不一定要有高智商，但要能够善于把握实际去做出明确的决定。

网络和关系：创业者需要有人帮助和支持，不断扩大社交网络和拥有良好的人际关系会带来不少方便。

大学生创业五大关卡：选项关、创

新关、资金关、经验关、心态关。

大学生创业四大方向：高科技领域、智力服务领域、连锁加盟领域、开店（如高校内部、周边地带的餐厅、咖啡屋、美发屋、文具店、书店等）。

创业是一个系统工程，它要求创业者在企业定位、战略策划、产权关系、市场营销、生产组织、团队组建、财力体系等一系列领域有一定的知识积累。大学生有了好的项目和想法，只是在创业的"长征路"上迈出了第一步。有创业想法的同学需要提前了解创业政策、创业需要具备的能力和条件、创业需要克服的困难等，有针对性地利用好大学学习的平台和机会，为创业做足准备。

人际篇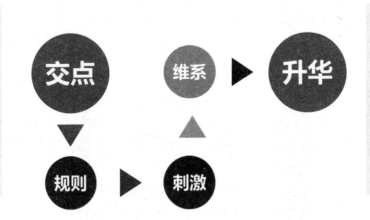

《菜根谭》里说："使人有乍交之欢，不若使人无久处之厌。"那么在与他人的交往中，你是第一眼就能让人喜欢，还是能让人越相处越觉得舒服，或者是都能轻松做到呢？

大学是最美也是最重要的人生阶段之一，大学里的人际关系，可以说是一个人真正用成人的方式独自建立人际关系的开始，对人生影响深远。

面对陌生的大学生活，你是否特别怀念过去的好伙伴？面对来自五湖四海的室友，你是否常常不知道如何融入？不知道如何与室友融洽相处？面对不同于高中班级的较为松散的大学班级，你是否不知道如何融入班级中去？

从下图中，我们可以看到成熟的人际关系大致会经历的几个阶段。

人际交往中，人与人之间的共同之处是交往的基础，这个共同之处用一个词来表示就是交点；在相互有了交点之后，成熟人际关系中的双方就应该有规则、有底线，在界限内交往；在双方建立的界限内，为了发展关系，会时不时地通过刺激来加深感情（如吃火锅、打球、看电影等）；在关系出现裂痕时，要修复维系，承担在关系中的责任；经过选择，好的感情也许会升华为挚友，甚至升华为恋人，走入婚姻的殿堂。

如何开启一段美好的友谊？

人海中你我互相多看了一眼——交点

共同的爱好，共同的兴趣，共同的课题研讨，都可能成为我们相识的交点，这就是所谓的"缘分"。是缘分让我们走到一起，我们应该珍惜在一起共事共学的时光。在新的环境中，我们要主动交往，当你在期待别人主动走进你的世界时，也许有一双渴望的眼睛也在期待着你走进他的世界，让我们把自己放在成人的位置，主动去建立链接。

如何与同学和谐相处？

我们在一起促膝交谈——规则

有了交集还不够，一段好的人际关系还需要规则，即底线原则。每个人都有自

己不希望被打扰的禁地，在人际交往中守住自己的底线，才不会失去应有的尊重。我的期望是什么，我希望建立怎样的关系，希望得到你怎样的回应，我认为在我们的关系中什么是应当被禁止的，明确告诉对方自己的底线，不仅是对对方最大的尊重，也是对自己最好的保护。

为关系付出应有的时间——定期的交流刺激

为了友谊的"小船"平稳前进，我们还需要为共同的交点定期集会，比如一起打篮球，一起逛街，一起为了某一个课题或者项目挑灯夜战……

当我们之间出现冲突怎么办？

高超的人际技能——维系

再好的关系也会有冲突、误解、波折。那么在关系出现裂痕时，学会承担关系中的责任，学会说"对不起"，才是一个成熟的"关系人"，才有可能把普通的人际关系升华成一辈子的友谊。

多视角看问题在关系的维系中尤其重要，当你与室友、同学出现冲突时，请"按下"情绪的"暂停键"，找一个安静的地方，重新审视你们之间的冲突。

第三方视角——从旁观者的角度来看待你们之间发生的事情，当他了解你的困惑后，"他"会对你说什么。

对方视角——看看对方的眼睛，听他真实表达他的想法、他的期待、他的委屈、他的努力。

摄像头视角——想象有一个摄像头，它拍摄了你们从认识的第一天到现在的所有事情，记录下其中让你印象最深的三件事；再把摄像头调整成未来视角，拍摄下你最希望未来发生的三个画面。

榜样视角——回想一下，古往今来你最佩服的人是谁？如果他现在就坐在你的对面，你把你们之间发生的事情讲给他听，他会对你说怎样的话？

未来的你视角——假如坐上时光机，来到十年后的今天，那时候问题早已解决，你的生活非常美好，一切都是那么轻松、快乐、满足、成功，你将看到一个怎样的自己？你会对今天的自己说什么？

完成以上五个视角的审视后，再回到此时此刻，或许你会有新的发现。

如何尽快融入新的班级？

我们都是班级的一份子，我们有责任为班级建设出力，那么如何才能拥有一个令自己满意的班级呢？在回答这个问题之前，我们可以先思考以下几个问题，并写下答案。

你对班级的期待是什么？请写下至少五个期待。

以你对自己的了解，评估一下为了实现对班级的期待，你现在的努力足够吗？要实现这样的班级，还需要哪些条件？

为什么这样的班级对你来说是重要的？这样的班级会给你带来哪些价值？为什么你那么看重这些价值？

为了实现这样的班级，接下来你的行动有哪些？

你的第一步行动计划是什么？

回答完问题后，看看自己写下的答案，是不是就知道该怎么做了呢？

学习篇 ⊙

大学的学习和高中有什么不同？

第一，大学的学习不再像高中那样具有明显的应试性质，我们到了大学首先需要树立更加远大的目标，培养更加广阔的视野。大学生在确立目标时，需要注意以下几个方面：目标要由正面语言构成；在确定目标时必须考虑到整体平衡；目标需要清楚明确；树立的目标可以量度；订立的目标一定要在自己能力范围之内；有为了达到目标的足够热情；完成目标的过程中必须要有明确的时间节点。

第二，高中的学习知识面比较狭窄，学科相对单一，学习内容非常有限，教学方式也多为重复性、教条式教学。进入大学后，学生所学的知识内容非常丰富，学科也极为多样。如果我们继续使用高中的学习办法，就无法适应大学的学习内容和学习进度，也无法拓展我们的思维能力和创造能力。

第三，大学更能构建学生独到而广阔的思维方式。大学学习时，我们会发现解完一道道习题，积累的不应该只是知识要点，而是思维方式。知识点总会忘记，只有思维方式才会伴随我们终身。虽然高中的学习经历都会慢慢地进化累积成思维方式，但这样成本太高，可能要经过漫长的时间或者经历重大的事件，因此没有什么方法会比大学期间学习各种学科、深入思考某个习题、反复强化某种技能更加高效。这些思维方式不仅可以转化为考试分数或解题能力，还会在生活的方方面面发挥核心的引领作用，帮助我们克服人生的一个又一个难题。

第四，大学更能培养终身学习能力。只有持续终身的学习能力才是有意义的。高中的学习只持续到学生阶段的十八九岁，且学习内容相比于大学比较基础。我们经常看到，虽然有的人学习的起点低，但是却持之以恒，大学及之后还一直努力学习，掌握了学习的能力与方法，最终实现了自己的目标。能够随时学习需要的、新鲜的知识，能够在必要时随时快速地学习，去解决问题，这样才能永远保持进步，才能跟上时代发展的脚步。幸福与职位、权力、金钱等并没有太大的关系，更为重要的是能力、思维、格局、认知。只有保持终身学习的能力，才能不断拓宽人生的路径与幸福的空间。

如何尽快熟悉我的专业？如果不喜欢所学专业，怎么办？

针对如何尽快熟悉自己的专业，有以下几点可供同学们参考。首先，可以通过书籍或网络查询所选专业，然后进行了解、比对，也可以到学校的图书馆查阅相关资料，比如相关专业的学位论文。其次，可以到熟悉的老师或高年级的学长学姐处询问、讨论，还可以询问来自同乡的有经验的长辈或朋友。再次，可以通过学校经常组织的实践讨论活动或讲座来进行了解。每个学院在开学初期通常会组织大量的专业相关的讲座或座谈，让同学们先进行了解和熟悉自己所在的专业，同学们可以随时关注相关信息，及时参与讲座或座谈，并积极和老师交流，有不清楚的地方及时提问。如果你暂时不想从事学术研究，专业的选择就不在于专业本身，而在于它是否和你以后想做的工作、岗位方向相关。比如你未来想从事化工行业，但是本科学习的化学专业，可以在大学期间朝着自己想从事的岗位不断积累知识，然后通过考研或者求职实现理想。有些同学在高考填报志愿时其实是在自己能考上的专业里进行选择的，所以最后往往会跨专业考研。填报高考志愿时最重要的就是尽可能多地了解以后社会上各种各样的工作岗位以及他们的工作内容。大学专业选哪个并不是核心问题，专业只是工具，想学东西别局限于自己的专业，尽早把想从事的岗位确定下来才是最重要的。

如果确实不喜欢所学专业，可以考虑以下几种方式：第一，转专业。一般来说，学院都有转专业的名额，当然这对学习成绩是有要求的，所以想转专业的同学可以向老师或者学长学姐咨询本校转专业的条件，然后争取转到自己喜欢的专业。第二，跨专业考研。一般来说，考研是没有限制专业的，不仅能提升学历，还能学到自己想学的专业。第三，攻读双学位。第二学位课程一般是周末或晚上开课，不影响自己专业的学习。第四，自学自己喜欢的专业。我们都知道，大学能自己安排的时间变多了，旁听其他的专业课也没有限制。通常情况下，老师看到有别班同学来听自己的课是很欢迎的。如果条件允许，你甚至可以跨学校去听其他学校的课，而且现在网络也很发达，网上或许也有很多你喜欢的课程。第五，创业。这是最难的，因为这需要你付出更多的努力去打拼，而且创业还需要你具备一定的商业头脑、见识、财力和人力。

如何妥善安排学习？

大学学习更多的是自学，所谓自学，就是在老师的指导下，进行更多的探索性与发散性学习。

第一，要确立明确的学习目标。为了能专心致志地学习，明确目标是很有帮助的，因为目标具有结果导向性。具体来说，就是我们只有很清楚地知道自己接下来要做什么，我们的大脑才会提前做好准备，调整好状态、心态去面对接下来要做的事情。同时目标一定要制订得合理、具体和有前瞻性。

第二，要学会管理自己的时间。要明确自己的时间利用效率，就要感受时间的长度和一定时间段内能做多少事。制订切实可行的作息表，张贴在房间的显眼处。如果接连几天都无法依照预定时间作息，那么就应找出原因并做出调整。

第三，提高自己的学习效率。大学的学习更多的是靠自学，其中，有效阅读是最基础的学习能力之一，所以想要提升学习能力就要先"学会阅读"。我们在提升阅读能力的同时，也要注意提高注意力、记忆力、理解力、思维力等，才能综合提高阅读、学习效率，取得好成绩。此外，在阅读过程中，还要养成有目的、有重点地进行阅读的习惯，使我们在阅读时善于发现重点、新问题、新观点和新材料。在读书的过程中或读完一本书的时候，也可以学着做读书笔记，这样就可以记录下自己的思考痕迹，便于日后复习或使用。

第四，要学会定期自我反省。人总是有惰性的，所以要学会定期自我反省。定期做记录并检视，写下自己想要改善的问题、列出错误的地方、检讨学习心得，比如我学会了哪些知识？掌握了什么技能或方法？我是怎样解决问题的？在解决过程中有没有什么遗漏或错误？将来如何避免？在日后的学习中要怎样做比较好？等等。这些自我反省的过程会使我们逐渐意识到自己的优缺点，并找到出现具体问题的具体原因。

面对网络的诱惑，该怎么办？

第一，适当地上网和游戏可以调节情绪、放松身心。并且网络上确实有一些知识可以为我们学习所用。

第二，我们要清楚网络有很多弊端。例如，信息的虚假性、暂时性、片面性和不确定性。就专业知识而言，只有通过大学期间系统而完整的课程学习，我们才能全面、真实地了解到更多的知识，从而掌握学科的前沿信息。

第三，多与人沟通，多和朋友交流。将注意力转移到现实生活当中，而不是一直沉浸在虚拟世界里，这样才能加强自己与现实之间的联系，在减少对网络依赖的同时，得到身心的放松和心灵的净化。

第四，找到新的兴趣爱好，坚持自己的爱好。一般来说，自己感兴趣的事情是更愿意全情投入做下去的。当懈怠的时侯，可以用手机闹钟提醒自己或找一个伙伴监督自己。

第五，当用了前面几种方法效果还不满意时，可以考虑使用心理疗法。若自己过度喜欢打游戏，可以适当控制自己的上网时间。在规定的时间内，比如在90天之内，让自己的游戏时间逐渐减少一半。也可以将自己的电脑、手机放在其他房间里，让同学或父母监督自己，减少上网的方便性和随意性。只要个体没有再用更多的时间打游戏，就可以立即进行强化，这样可以让自己得到不打游戏或少花时间在游戏上的鼓励，从而逐渐减少打游戏的时间。如果自己喜欢打游戏是因为家庭矛盾，如父母对自己不好或父母感情淡漠甚至离婚等，也可以考虑家庭治疗，尽可能与父母沟通，理解父母的态度，弥合彼此的误会与隔阂，从而缓解自己对游戏的痴迷程度。

如果出现"挂科"，该怎么面对？

当我们挂科时，也不要太过紧张。第一，挂科后一般都会有补考或重修，补考一般都在每学年下学期开学的第一周进行，因此如果挂科了，一定要利用假期认真复习，通过补考就不会影响毕业。第二，可以获取老师或助教的联系方式，在重修或补习时遇到问题可以随时询问。第三，可以和同学到图书馆去一起学习，有同辈间互促互励，可以创造良好的学习氛围。第四，平时加强学习，利用艾宾浩斯记忆曲线，在每个节点上加强对知识点的记忆。第五，考前复习也很重要，有助于考试成绩的提升。第六，开学前应该对下学期学习做好计划，合理安排好学习和生活的方方面面，投入时间和精力，不打无准备的仗。第七，认真上课，掌握好知识重点和难点，对重点题目多思考、多研究，把所有知识点装进大脑，就不容易挂科了。

亲 情 篇

初次离家，感到孤独、想家怎么办？

第一次离开家人开始独立生活和学习，很多同学都会存在想家的心理，有的同学甚至会出现孤寂、悲伤等情绪，这都是十分正常的。毕竟习惯于每天看到父母的你，要很长时间见不到他们，又到了一个陌生的环境，周围都是陌生的老师和同学，最初肯定会有些不习惯的，但随着你慢慢熟悉新环境，想家和孤独的情绪就会慢慢减弱。

当你发现自己想家、孤独的时候，以下方法或许可以缓解你的情绪。

1. 转移注意力

上大学以后，突然离家，没有了家庭的保护，又步入陌生的环境，可能会让你产生很大的落差感和不安感，所以你需要一个快乐的团队来转移你的注意力。大学入学后，往往有很多的社团可以参加，你可以根据自己的兴趣选择。在那里，你将会遇到一群志同道合的朋友。

2. 尝试认识新朋友

有的时候我们感到孤独是因为缺乏朋友，特别是刚进入大学的你，周围都是陌生的老师和同学。如果你能够在新的环境多结交一些新的朋友，积极开展人际交往，那么孤独的感觉就会减少很多。

3. 多和以前的同学、朋友沟通交流

来到大学开始新的人际交往并不代表和过去的人际关系断了。你可以多和原来结识的朋友、同学等打电话、视频聊天、发邮件等，这样会让你感到他们还是在你身边，孤独的感觉也会减少。

4. 多和家里人联系

如果来到大学，感到想家、孤独的话，也可以多和家里人联系，通过打电话述说想念他们的心情，有亲人的倾听和陪伴可以让你慢慢走出孤独的情绪。

5. 探索学校及周边环境

刚进入大学，对周围的人和物还有些陌生，我们可以积极探索学校及周边环境，在探索的过程中认识新环境，了解新环境，以便更快地适应新环境，减少陌生感和孤独感。

和父母产生分歧，应该如何应对？

1. 学会冷静

当和父母产生分歧时，一定要学会冷静，不要意气用事，觉得自己长大了，有权利为自己的人生做主，父母不应该干涉，一味地去争执谁对谁错，这样只会让自己和父母之间的矛盾变得更加激烈。

2. 学会换位思考

当和父母发生矛盾和争执时，不要一味地想着父母的反对让自己受到伤害了，而是要学会将心比心，进行换位思考：如果现在我是父母，我会怎样做呢？通过这样的思考，情绪就会冷静很多。

3.学会和父母沟通

争吵解决不了问题，要学会和父母进行有效沟通，告诉他们自己的想法，但不要一味地想着他们会同意自己的看法，而是要善于听取他们的意见，有时他们的想法也不是全无道理。

4.找到解决分歧的办法

不要将心思一味地放在埋怨父母上，而要多花时间让父母了解自己，并学会证明自己，这才是解决分歧的好办法，也能避免矛盾再次发生。

5.尊重父母的感受

不管和父母产生了多大的分歧，都要控制住自己的情绪，不要在争吵中说出不该说的话，要学会尊重父母的感受和意见。

如何面对原生家庭带给自己的影响？

有人说，幸福的人都是相似的，而不幸的人各有各的不幸。诚然，我们中的许多人感到自己的不良情绪和现在糟糕的生活状态跟原生家庭相关，所以常常抱怨自己的原生家庭，不断回想自己过去的经历并陷入悲伤情绪。但我们要知道，不管自己愿不愿或想不想，原生家庭那些不愉快的经历已经存在，它们已经成为我们人生的一部分。面对原生家庭的负面影响，我们可以尝试通过以下几点进行自我调节。

1.承认和接纳过去的不幸

承认我们的童年发生了不幸，承认原生家庭有它自己的局限性，承认我们对原生家庭的恨、爱、愤怒、伤痛等情感，是降低原生家庭对我们负面影响的第一步。我们只有正视过去，承认和接纳过去的不幸，聆听自己内心的声音，才能帮助我们回归现在和展望未来。

学会自己关爱自己，积极地悦纳自己。既然原生家庭没有好好地抚育我们，我们就应该自己来承担照顾、安抚自己的工作，学会在生活琐事中对自己好一点，关心自己，并经常对自己说一些积极和鼓励的话，为自己加油，为自己的进步喝彩。

2. 学会宣泄和释放不良情绪

当你还是个孩子的时候，也许父母伤害过你，而你选择把愤怒、悲伤等情绪隐藏在心里，不敢轻易地发泄出来。长大后，为了不把自己的负面情绪转移到自己身边的人，给别人造成伤害，我们要学会把自己的愤怒、悲伤等不良情绪通过合适的方式释放出来，比如写日记、运动、向知心的朋友倾诉等。当你学会适当地宣泄和释放情绪，心里就不会因堆积太多负面情绪而郁郁寡欢。当你学会有效地管理和控制情绪，你曾经受到过的伤害就能得以修复，你也能获得内心的真正平静。

3. 坚定地表明自己的立场，大胆地说出你内心的真实想法

勇敢地表达你内心的真实想法，也就是你愿意做什么，不愿意做什么，你觉得什么事情可以沟通，什么事情没得商量，都可以勇敢地表达出来。当父母向你提出过分的要求，或者干涉你的生活的时候，你要勇敢地表明你的立场，说出你的想法，让他们明白，你不再是小孩子，而是一个有目标、有想法的成年人。当你被父母干涉时，你要勇于表明自己的立场；而当你摆脱不了过去的阴影时，你则要勇敢地和父母对峙。这里所谓的对峙，不是说要跟父母吵架，而是要直面他们，可以通过书信、邮件或电话等方式和他们谈一谈他们曾经对你的伤害，告诉他们这些伤害至今都让你感到很痛苦，大胆地说出你内心
的真实想法。

4. 寻求专业人士的帮助

如果依靠自己很难调整原生家庭带来的负面情绪，我们也可以向专业人士寻求帮助，比如向心理咨询师寻求心理咨询，通过科学而持续的心理咨询，让我们能够直面和接纳过去原生家庭带来的创伤性经历，慢慢地调整自己的情绪和心态。

5. 学会自己承担责任

诚然，当我们遇到问题时，总是想为该问题的产生找到一个理由，因此原生家庭带来的负面影响常常会成为我们寻找的外在缘由。但是，读了大学已经成年后的我们，不再是小孩子，在遇到人生道路上的各种问题时，我们应该学会自己承担责任，对自己的生命负责，对自己的现在和未来负责，尝试自己寻找解决问题的办法，而不是一味地把问题怪罪于原生家庭。毕竟，原生家庭的创伤已成为过去的经历。当我们尝试改变自己，将创伤整理成过去经验的一部分，继续探索人生的历程，不断地自我成长时，我们将会看到自己不一样的未来，一个充满希望的未来。

恋 爱 篇

恋爱是我们在大学生活中可能会面临的一项重要课题。关于恋爱，大家做好准备了吗？

遇到喜欢的人，该如何表达？

进入大学后，我们的生活开始多姿多彩，随着社团、班团组织的加入，社交活动的扩展，人际关系的延伸，我们会认识越来越多志同道合、可爱有趣的朋友。此时，也是我们最容易萌发恋爱念头的时刻。不管是初次见面的一见倾心，还是日渐相处中的互生好感，这份纯洁干净的喜欢，都值得我们在大学的时候，当作一门新课题去学着了解与处理。那么，遇到喜欢的人，我们该如何表达呢？

1. 传递赞美

赞美，即肯定的言辞。语言表达是最直接、最容易被对方接收到的信号，我们可以多用积极的语言鼓励与肯定对方。

在人们的心里，都希望自己的行为得到认可和赞扬，这是一种自我肯定需求。因此，在面对别人赞美的时候，自己的内心一定是非常开心的。受到赞扬的人，他的自信心会提高，情绪会高涨，行动会积极，同时对你的好感也会倍增。

而在亲密关系的形成过程中，若对方夸奖我们，我们也很有可能会对之产生好感，同时会拉近彼此的距离。如果多次对方夸奖，那么这种好感就会得到强化，从而可能转化为恋情。所以在平时的聊天中，我们可适当地加上一些欣赏、认可性的话语。

2. 培养相似爱好

简单地讲，培养相似的爱好就是让对方觉得你跟他很投缘。这些爱好包括喜欢看的书、闲暇时的消遣、消费观念、生活方式、对某些社会热点的评价看法等各个方面，所以我们要注重增长自己的内涵，扩展自己的视野，在遇到合适的人时才能有话可聊。

我们可以去看对方的社交平台，研究对方可能对哪些方面感兴趣，然后在聊天当中就可以把这些话题引出来，并表达一下自己的观点。当然，若你们本身就兴趣相投，那就最好不过了。自然而然地接近，能收获更长久的感情；愿意为了对方去尝试新鲜事物，也值得赞扬，这也是勇敢的表现。

3. 登门槛效应

登门槛效应是指先提出一个小的请求，一旦别人答应了这个小的请求，那就很难再拒绝后面的要求了。这种方法可以适用于我们想请对方帮忙或者想完成一些事情的时候。比如我们可以先提出一个小小的请求，请对方帮忙，解决这个小问题后，可以请对方喝一杯咖啡、奶茶，如此重复几次之后，便可以试着邀约对方吃午饭，然后逐步加深彼此的关系。

当然在这个过程中，要选择真的需要帮助解决的问题，并且表达出真诚的感谢。

4. 安慰陪伴

心理学上有一条自尊理论，是指人们在自我评价降低的时候更容易对别人产生好感。当对方遭受挫折、打击时，恰好有个人及时出现，为他分析目前的处境和难题，给予他心态上的肯定，那他会更容易对这个人产生好感。

基于这个原理，当我们发觉喜欢的人在学习或者生活中遇到不如意的事情时，可以适当地询问和关心对方，表达自己的理解和鼓励，积极提供帮助。让对方在低落的时刻感受到温暖，感受到被重视。

5. 真诚待人

心理学的一个实验表明，一个人如果将自己的事情在大家面前公开得越多，大家对他的好感度就会越高。日常生活中，我们也确实会对那些信任自己、表达坦诚的人抱有好感。

在聊天时有一个法则叫镜子法则，即当我们想了解对方一些事情的时候，就要先表达自己在这个方面的想法或者观点，这样就容易冲破彼此隔阂，坦诚地聊天。

异地恋如何修成正果？

由于学业等原因，异地恋逐渐成为一种常见的恋爱形式。但距离产生的不只有美，还有更多的不稳定性、疏离感以及无形的压力。

如何让距离不再成为爱情的终结，如何让异地恋保持新鲜感，接下来会分享一些异地恋成功的经验。

1. 保持一定的见面频率，创造共同话题、美好回忆

两个人本来就是异地，很容易出现话题枯竭，见面是一定要保证的，不然就不是异地恋而是网恋。可以考虑定期一起旅行。

2. 强大自我，为了共同的未来努力

异地恋注定了两个人大部分时间都不在一起，高中时可能还是见不到面就要哭天抢地的心态，大学却需要逐渐明白好好奋斗才有未来。我们会慢慢体会到"人生

而孤独，这就是世界"，离开了爱人，你更是一个独立的人。

随着成长，我们也会渐渐明白，两个相爱的人也不是必须随时捆绑在一起，也不再觉得所有空余时间都应该奉献给爱情。首先要成长为一个优秀的自己，才能给另一半和未来的家庭以保障。认识到这一点之后，我们能给自己找很多事做。虽然是异地恋，在保持见面频率的基础上，去找到自己的兴趣，可以自己去旅行，去尝试各项运动，去学画画、乐器，认识许多有趣的人，最终也成为一个有趣的人。

3. 情感上绝对信任，制造安全感

对于异地恋来说，制造安全感非常重要。例如，建立对方的专属相册，给对方汇报自己的行踪，尽量信息秒回等。安全感是可以让对方切身感受到的，对对方好，自然不愿意让对方惶惶不安。

4. 共同的理念，三观相同

两个人在生活习惯、爱好、做事方法上肯定不一样。能够长久在一起的情侣，其价值观是差不多的。异地恋要想坚持到最后，不仅要培养共同的兴趣爱好，还要确保三观在根本上是相同的。

如果分手了，会出现什么情况？

科学研究告诉我们，在恋爱中双方的亲密接触会分泌催产素、多巴胺，在二者的作用下，将产生一种激活大脑奖励区域的美好体验，这时你看待对方就好像加了一层天然的滤镜，所以"情人眼里出西施"是有科学依据的。

而分手后这种亲密接触就停止了，双方就不会再有那些大脑激活的快感，这时候突然失去对方的不习惯以及感情的缺口就会加剧身体的不适应感，负面情绪也会被格外放大，就容易出现所谓的"心碎综合征"。

因此，失恋的人最初阶段将面临精神及生理的双重负面影响。但你要知道这些都是正常的，因为你真的爱过对方，等过了这一阶段你就会慢慢好起来。

我们应该怎么应对分手？

1. 接受分手
调整好心态的第一步，就是接受分手的事实，不管是因为什么原因分手，接受它，告诉自己对方现在不属于你，和你不再有亲密关系。

2. 管理情绪
当你真正爱一个人的时候，对方是感觉得到的，因为爱会给人幸福和开心的正面感受。一心想让对方回心转意的迫切感是正常的，可越是这样就越要避免以下行为：质问、指责、争吵、哭闹、威胁、无底线求和、电话短信轰炸、实施报复等。这些行为不仅起不到任何效果，反而会伤害自己和对方，也会让对方觉得你情绪不稳定，是一个容易失控的人，反而更想远离你。

3. 珍爱自己
不要因为恢复单身就过着放纵的生活，此时更要爱自己，因为一个不爱自己的人是不可能好好爱别人的。事实上，确实有很多人根本不知道怎么爱自己，而这些人往往也更容易在感情中出现问题，比如安全感缺失、敏感、控制欲强、无底线妥协、情感暴力等。

想处理好自己和别人的关系，就要先处理好自己和自己的关系。爱自己，学会和自己相处，对内有一个稳定的状态，才是一切对外关系的基础。

警惕不健康的恋爱

迄今为止，不曾有谁给"爱"下过令所有人都满意的定义，这恰恰证明了爱的神秘。爱有许多种：肉体之爱，精神之爱，手足之爱，完美的爱，不完美的爱。我们认为健康的爱，是为了促进自我和他人心智成熟而具有的一种自我完善的意愿。

警惕不健康的爱，最关键是区分它是否是真的爱。

第一，爱与不爱最显著的区别之一，在于当事人的意识思维和潜意识思维的目标是否一致。如果不一致，就不是真正的爱。

第二，爱是长期的和渐进的过程。一见钟情，如果缺乏后续持久的渐进相处过程，也就仅仅是激情而已。爱是自我完善，能够帮助他人进步，也会使自我更加成熟。换言之，我们付出爱的努力，不仅能让他人的心智成熟，也能让自己获益。

第三，真正意义上的爱，既是爱自己，也是爱他人。爱，可以使自我和他人感觉到进步。不爱自己的人，绝不可能去爱他人。我们为他人着想而自我完善，这与自我约束不会产生对立。

第四，爱是自我完善，也是帮助他人完善。我们爱某人或爱某种事物，就不可能坐享其成，而是要持续地努力，帮助自己和他人获得成长。如果仅仅要求对方完善，而自己没有任何的改变，最终两人会渐行渐远。

第五，爱不仅仅停留在语言和意愿层面，而要付诸行动，真正的爱是基于灵魂的行动。你口头表达说爱某人，也因为失去某人痛不欲生，但行动上却没有因为爱而努力；或者对方只是口头表达说爱你，但行动上却违背你的意愿，这都不是真正的爱。

希望同学们能够引起警惕，爱情应该是甜蜜美好、积极上进的，当发现你自己或者朋友在恋爱中哭泣多于欢笑，精神状态与恋爱之前相差甚远，甚至把爱情当成生活的全部，请进行理智反思，寻求老师、家长、长辈的帮助。

情绪篇

身边同学都很优秀，自己感到失落，怎么办？

要避免盲目攀比，如果自己总是希望在各个方面压别人一头，必然会成为心胸狭窄之人，也不会感到快乐。不必为不如别人而垂头丧气，也不必为强于别人而沾沾自喜。

费斯廷格提出的社会比较理论认为，人们普遍有认识自我和评估自我的需求。当缺乏明确的客观标准时，人们常常通过和他人比较的方法来进行自我评价。合理的社会比较可以提高个体的自信心，是人格完善的基础。例如，和比自己优秀的人比，就可以找到差距，把别人当成自己的榜样，激发自己的动力；和不如自己的人比，就会看到自己的长处，增强自信。因此我们既要和比自己优秀的人比，又要和不如自己的人比，不能只是单向比较。另外，我们和周围人比较的时候，如果只看到别人的强项和自己的弱项，就要留意自己是否存在过多的消极情绪这一问题。如果是这方面的问题，那么就要自己培养乐观的品质，悦纳自己，这不仅能让我们在与别人比较的过程中获得更多的积极感受，还有助于提高我们的日常情绪。

对大学生来说，更重要的是学会与自己比较，同时要把与自己比较作为认识自己最重要的途径。把自己的现在和过去相比较，把自己的目标和实际相比较，这样才能看到自己应该进一步努力的方向。不管我们当下在群体中所处的位置如何，只要相对于过去，自己有了进步就是值得庆贺的事情。人生是一场长跑，只要你在朝着自己的目标前进，比过去的自己更好，你就离理想的人生越来越近。

考试没考好，压力很大，如何面对？

每个人都有应对压力的方法。这个时候你可以问问自己："我以前考试没考好的时候是怎么应对的？"根据以往的经验，尝试有效的应对方法。

感到有压力是一件正常的事情，每个人都会时不时感到压力，当面临不可预测、陌生或不明朗的情境时，压力就会增大。有时好事也会带给我们压力。那么，在什么情况下压力会成为问题呢？在心理健康领域，当忧虑几乎每天都出现，严重程度与情境不符且难以控制，对你的日常生活造成困扰或导致明显痛苦时，这种压力就会被判定为是有问题的。例如，你某次考试考差了，你非常担心考差带来的后果，以致无法集中注意力学习，过度担心以后要面临的学习和考试；你食不甘味，寝不成寐，做什么事情都无法给自己带来快乐和放松；情绪低落，烦躁易怒，生活质量下降，甚至伴有生理不适。这种情况下，压力的增加就是有问题的表现。

一般来说，可以通过改变自己的思维、情绪和行为等调节压力。认知方面，我们可以试着多角度看待问题，比如考试考差了，但是我比上次进步了一名。此外还需要合理地看待压力事件的影响，比如一次考试并不能决定我以后的生活。冥想和正念是从认知层面调节压力的方法。情绪方面，我们可以加强沟通，多跟老师请教自己还弄不懂的知识点，还可以跟室友聊一聊考试的感受。行为方面，我们可以运动起来，在压力研究中，运动是最有效的缓解压力的方法。同时，我们还要有针对性地进行目标行动。这次考试考差了，下次的目标是什么？给自己定下了目标之后，就可以开始实现目标的行动，这类行动也能够即时地缓解压力。如果你试过以上所有的方法却仍然不能减轻压力问题，那么就应当求助于专业人士了。

社团面试总是失败，很受打击，该怎么办？

他人给予我们的评价会包含正面和负面两个面向。有些评价是了解我们的人给予的，有些是不了解我们的人给予的。只有对他人的评价进行全面的、评判性的分析，才能形成接近于"客观"的自我认知。他人的确是自己的一面镜子，但是大学生应该学会有选择地接受或参考他人的评价，从而形成自己的认识。

社团面试失败难免会受到打击，这时，正确的自我评价很重要。如果一个人的自我评价合理，有准确的自我定位，就不会过多地受到外界的负面评价的影响。反之，如果一个人自我评价过高或过低，不能全面且恰当地评价自我，就很难发挥自己的强项，也不利于提升弱项；同时还会在负面评价中耿耿于怀或自暴自弃，影响情绪和学习生活状态。

心理健康
小贴士

获得幸福的小妙招

亲爱的同学们，幸福并无固定不变的衡量准则，它会随着我们的精神投入而呈现出不同程度的活力。只有当我们的人生丰富饱满时，才能洋溢出生机勃勃的气息以及充满喜悦的情感。每个人都可能对幸福持有个性化的解读，但积极地认知世界和自我是达成幸福共识的关键。如果你秉持一种积极的生活态度，纵使生活中遭遇种种挑战，你也能够昂首挺胸地勇往直前，敏锐地感知周围的世界，领悟到那些微小却能点亮生活的幸福瞬间。唯有做真实的自己，坦然接受自我，听从内心的声音，让自己沉浸在能带给你快乐的事物中，你的生活才能够充实且满足。在此，与大家分享以下七种通往幸福的小秘诀，助你在生活中找寻并创造属于自己的美好。

1. 心流体验

心流是指人们完全沉浸于正在进行的活动或追求的目标时的心灵状态，即全情专注、忘我投入，并在其中获得愉悦感的状态。在心理学领域，心流也被喻为福乐、沉浸。不论何种定义，心流的核心在于全身心地投入当前的任务之中，这也意味着个体面对着恰到好处的挑战与施展才华的机会。当你处于心流状态时，你会完全融入行动本身，暂时淡化自我意识，时间感也似乎消失无踪。就如同演奏一首乐曲那样，你的每一个动作、每一份思绪都自然而然地流淌交织在一起，在高度集中注意力的同时，将技巧发挥至极致。在日常生活中，心流可以体现在许多情境中，例如，深陷于一本引人入胜的书籍无法自拔，沉醉于一幅精美画作的艺术氛围，享受着家人团聚共进晚餐时的温馨时光等。尽管这些体验各不相同，但都是心流状态的具体表现。

2. 实践善行

每日做一些善事，已被科学研究证实能够显著提升人们的幸福感。在《这一生的幸福计划》一书中，作者桑雅·吕波密斯基开展了一项实验，参与者是一群学生，他们被要求在一周的时间里至少完成五件善举。实验结果显示，这些执行善举的学生体验到了更多的幸福感。这种幸福感提升的原因主要涉及两个方面：首先，行善使个体产生正面的自我认同感和价值实现感，他们在帮助他人的过程中得到了内心的满足和成就感。其次，行善通常会得到受益者的感激回应，这种社会互动中的正向反馈增加了行善者的幸福感和社会联系感。此外，积极心理学领域的奠基人马丁·塞利格曼在其著作《持续的幸福》中进一步强调了这一观点。他指出，经过大量实证研究发现，在众多提升幸福感的方法中，主动去帮助他人是最为有效和可靠的途径之一。这意味着，通过对他人的关爱与援助，人们能够切实提升自身的生活满意度和幸福感。

3. 写幸福日记

每天花费大约20分钟的时间，用心记载一件对自己有积极影响的经历，能够显著提升个人的幸福感。这是因为在书写这些美好记忆的过程中，实际上是对该事件进行了一次深度回顾与再体验。每当重读这些记录时，就仿佛重新经历了那个时刻，大脑会帮你重现当时的情景和感受。这样的记录行为有助于我们铭记生活中的善良与善意以及所有曾经拥有的幸福时光。每一次回顾，都是对美好情感的强化，让心灵再次沐浴在那些温暖而快乐的片段之中，从而加深对幸福的认识与感知，不断积累内心的正能量，提升整体的幸福感。

4. 冥想

冥想作为一种古老而科学的心理调适手段，对于改善睡眠质量和重置生物钟具有重要作用。当人们通过冥想进入深度放松状态时，身体得以充分休息，这有助于调整紊乱的昼夜节律，促进机体回归正常运作模式。无数案例证明，无论是短期的失眠问题还是长期的睡眠障碍，通过坚持冥想练习，睡眠状况均能得到显著改善。有研究对比分析了冥想前后的大脑影像学数据，发现在冥想两分钟后，大脑中负责同理心和自我意识的部分，如前扣带回皮质等区域的活跃度和体积呈现增长趋势，而与应激反应相关的区域活动则相应减弱。这意味着，冥想不仅能够即时降低压力水平，还有潜力长期重塑大脑结构，使之趋向于更加和谐平衡的状态，从而增强幸福感和生活质量。

5. 适度放空

神经科学研究揭示，当我们处于自由放空的状态时，大脑的脑电波频率降至8~14赫兹，此时我们的意识活动相对减弱，进入一种既清醒又放松的状态，使得平时高强度运行的大脑有机会得到短暂的休憩。正如《精力管理》一书所述，高质量、富足且高效的生活方式，应当是在全力以赴应对挑战之余，懂得适时且规律地抽离，以补充能量。在长时间的学习和工作之后，适当地放松与放空至关重要，它能使我们在接下来的日子里保持充沛的精力和高昂的精神状态。为此，我们可以设置手机提醒，每隔50分钟让自己暂停一下，起身照料一下花草，伸展肢体，暂时从繁忙的工作和学习中解脱出来，让思绪归于宁静，享受片刻的放空。另外，可以尝试一种简单有效的放松法：睁大双眼，尽量避免眨眼，将注意力集中在眼部肌肉的控制上，这样可以帮助大脑暂时停止思考，进入休息模式。短短5至10分钟的放空就能带来很好的放松效果，令我们的大脑得到及时的休息与恢复。

6. 散步

你还记得童年时期与兄弟姐妹、朋友们悠然漫步、嬉戏玩乐的美好时光吗？《运动心理学期刊》上的一项研究指出，运动越多，人们往往越能感受到更强烈的积极情绪。研究者表示："相较于运动量较少的人群，经常进行大量运动的个体表现出更强的愉快感。而且，相比于日常不运动的日子，人们在参与运动的日子普遍感到更为快乐。"无须投入过多的时间，每周仅需进行三次适度的散步，每次健行约30分钟，便足以有效提升个人的幸福感。在散步的过程中，你可能会体悟到岁月如同最耐磨损的画布，历久弥新；人生犹如一条不畏曲折的道路，或许在行走间，眼前的风景便会由阴郁转为明朗；每一段时光都无比珍贵，它们都是构筑幸福生活不可或缺的一部分。

7. 感恩心态

在日常生活中，我们常常容易关注那些不尽如人意之处，然而，若能学会因生活中的点滴美好而心怀喜悦，幸福便会变得触手可及。为此，我们可以花更多的时间去思索生活中的恩赐与福祉。在一项研究中，研究人员将学生分为三组，分别让他们记录过去一周内发生的五件值得感恩的事、五件烦恼的事或随便五件事。经过连续十周的跟踪调查，结果表明：那些专注于记录感恩之事的学生群体，其幸福感指数大幅攀升，同时健康状况也有所改善。为了对抗大脑接受负面信息的自然倾向，我们可以有意识地训练自己去回想和关注生活中的积极事物。感恩就是这样一种有力的工具，能够有效地提升幸福感，减轻抑郁情绪。通过培养感恩的心态，你的生活将变得更加幸福、更加满足，每一刻都充满美好与欣喜。

悦纳自我的小贴士

每一个人都是"独特的我"，都有自己独特的性格、能力和特质等。愉快地接受自己，无论优点还是缺点，成功还是失利；通过努力，改进和发展自己。这就是悦纳自我，也是心理健康的重要标志之一。

悦纳自我的内涵

（1）客观全面地评价自己。

（2）肯定自己的长处、优点。

（3）勇敢地接受自己的缺点、不足或缺陷。

（4）真诚地欣赏他人，不因此对自己妄自菲薄。

如何做到悦纳自我？

（1）注重自己情绪感受，留意对自己的消极评价和与他人比较的心态，做到客观地评价自己。

（2）记录自己每日的小进步、小幸福，肯定自己的价值，增加愉悦感和满足感，提升自信心。

（3）允许自己犯错、有不足，减少自责和内疚感，多参与到集体活动中，以发展的眼光看待自己，促进自我改进和发展。

（4）真诚地为他人获得的成就感到开心，减少嫉妒心理，树立互帮互助、协作共赢的心态，达成彼此欣赏。

情绪调节的小秘密 ⊘

情绪是什么？

　　情绪是指人们在内心活动过程中产生的心理体验，这种内心体验一般与客观事物或情景是否符合自身需要和认知有关。也就是说，情绪的产生本质上与事件本身如何无关，而与事件发生时我们的状态和对事件的认知有关。

　　一般情形下，如果客观事物或情景符合自身需要或认知，就会产生积极情绪，如快乐、喜悦、惊喜、满意、爱等。而如果客观事物或情景不符合自身需要或认知，则会产生消极情绪，如愤怒、悲伤、苦闷、憎恨等。

　　情绪也是一种能量，每个人都体验过积极和消极的情绪，这也是生活中随时会发生的。美国著名心理学家大卫·霍金斯（David R. Hawkins）花了三十多年的时间，研究得出了霍金斯能量等级（情绪能量层级）图，能量层级从0到1000，200以下为负面，200以上为正面，解读参考如下。

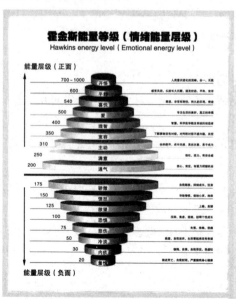

由此可见，强烈的负面情绪状态对自己和他人都是存在一定的伤害的。因此，我们要了解负面情绪产生的规律，以及如何更好、更早地控制和管理情绪，做到既不伤害自己也不伤害他人。

负面情绪产生时发生了什么？

心理学家通过研究发现，所有的负面情绪的产生，都是因为情绪产生的主体感受到自己不被接纳、不被认可、不被满足、不被爱、不被尊重等，也就是说，不管在什么情形和什么认知状态下，只要有负面情绪产生，第一个感到受伤的人是产生负面情绪的主体，如果人们平时缺少对自己情绪的观察和觉知，没有给予受伤的自己及时的关怀，要么会给自己造成持续的伤害，要么会使负面情绪积压，要么会在情绪失控时给他人造成伤害。

因此，科学地觉知自己的负面情绪，用不评判、不沉溺、不对抗甚至是关怀的态度对待负面情绪以及产生负面情绪的自己，是每个人都需要掌握的技巧。

负面情绪产生第一时间需要做什么？

前面我们了解了负面情绪产生的过程及原理，那么当外在事件引发了负面情绪的时候，我们第一时间应进行自我关怀。当负面情绪产生时，本着先处理情绪、后处理事件的原则，我们需要将自己的情绪安抚和解决好，只有这样，我们才能更冷静客观地处理事件本身。

自我关怀的方法和步骤

第一步：觉知负面情绪产生，马上停止处理事务。

第二步：坐直身体，闭上双眼，做2～3个缓慢深长的呼吸，尽可能气沉丹田，用鼻子吸气，用嘴巴吐气，只感受自己的呼吸。

第三步：想象着把平静和关怀吸进身体需要安抚的地方。

第四步：缓慢地吸气，并尝试把手搓热放到胸口或是身体不舒服的位置。

第五步：直到感觉自己恢复平静了就可以慢慢地睁开眼睛。

第六步：告诉自己这样的情绪是每个人都会遇到的，我不是唯一遭遇痛苦的人。我现在需要的是自我关怀。

平时关注和保持情绪的训练

1. 连接内在感受的训练

要学会把头脑（理性）和内在（感受）区分开。在学生时代强调的是头脑训练，如思维、理智、认知模式、分析能力、学习能力等。导致内在（感受）部分经常被忽视和压抑，那些未表达的情绪、被忽视的感受，若长时间没有被看见和疏导，就容易形成潜在问题。同时，负面情绪也是一种资源，是提示我们自身存在的认知模式的信号。情绪ABC理论告诉我们，情绪并不是由事件直接引发的，而是由我们如何看待这件事决定的。在生活中我们经常发现这样的现象，同样是被老师批评，乐天派的同学就无所谓，还会笑嘻嘻地感谢老师的关注；而悲观派的同学可能就会产生很强烈的负面情绪，甚至

被困扰很久，这就是不同的内在认知模式导致的。通过觉察和自我接纳，练习自我关怀，我们就有可能发现我们的负面认知模式是什么以及它是如何形成的。当负面的认知模式从不被了解和认知到被我们认识和接纳，我们就有了改变这种模式的可能，就可以从原因入手科学地控制和解决负面情绪。因此，通过放松、自我觉察、观察情绪及念头是我们深入了解自己的重要途经。

连接内在感受常用的方法是闭上眼睛，进行2～3个深长而缓慢的呼吸，意识只跟随呼吸，全身放松地去感受，感觉身体在慢慢地浮起来，去寻找自己舒服的状

态，开始感受自己的情绪。

2. 随时觉察自己的情绪状态

随时觉察自己的情绪状态，在了解自己的基础上才能够控制和改变情绪。根据觉察的速度不同，一般可以分为不知不觉、后知后觉、当知当觉、先知先觉四个阶段。

不知不觉就是你对自己缺乏了解，对自己的认知状况和情绪状态处于隔绝、麻木的状态，也常被称为无明。很多人的成长都是从这一阶段开始的，而如果一个事件触发，让你觉得自己的想法跟别人不同，或者自己的某一个反应或情绪状态让自己好奇或者震惊，自己开始观察自己，就是觉知的开始。

开始觉知之后，你就会进入后知后觉的阶段，就是先产生情绪以及应对方式，在一切自动发生后，再回头去想的时候，才会发现自己的思维路径和情绪反应。

后知后觉一段时间，如果你对自己更加好奇，开始学习心理学相关的知识，随着学习的不断深入，结合自己日常的情形，就有可能进入当知当觉的阶段，这也意味着你对自己更加了解，在每一次情绪产生的当下，就已经知道自己处于什么状态，并能通过一定的技巧和方法进行影响和控制。

先知先觉是最高阶段，这时你对自己已经足够了解，甚至有些时候事情还没发生，就会产生预感或者直觉，当然也就有更多的时间和方法进行准备和调整。

以上四个阶段需要我们不断地了解自己，也需要我们学习许多心理学的知识，同时在生活中不断地观察自己和他人，让自己有更广阔的视角。

3. 尝试身心练习

身心练习有助于放松紧绷的神经，改善我们平时不经常使用的身体部分，启动我们心脑的新功能，让我们更全面地认识自己、了解自己、超越自己，更全方位地开发自己的身心。常见的以感受为主的练习包括瑜伽、游泳、呼吸训练、正念练习、自我关怀等。而常见的觉知自己思维模式的练习包括自我觉察训练、团体疗愈聚会、同伴成长和朋友交流等。同学们可以根据自己的喜好去参加和尝试一些活动，在活动中不断发现新的自己。

时间规划的小建议

（1）不拖延。尽量做到当日事当日毕，就算当天无法完成也需要在第二天尽快完成。

（2）不逃课。逃课会影响我们对课程整体知识体系的构建，长期逃课还有可能导致挂科、重修、休学、延毕、退学等。

（3）做好目标规划。制订小目标，要尽量具体而实际。

（4）稳住基本盘。先把专业课程学好，再参加社团，做好学习和社团工作的时间分配。

（5）留出运动娱乐时间。就算再忙，也要留出一些时间锻炼和休闲，帮助自己调节身心，保持好的学习状态。

（6）利用好图书馆资源。四川大学的各个图书馆有着非常丰富的中华文化典籍、各学科专业文献等资源，我们可以用好这些资源，帮助自己在专业学习上事半功倍。

（7）大学阶段是人生中最轻松的阶段吗？其实，大学阶段是人生最具挑战的起点，是为自己未来的职业生涯和人生积蓄能量的阶段，因此，它不仅需要我们在设定目标的基础上做好每学期的时间规划，还需要我们利用好每一个寒暑假期。

（8）大学适合打游戏吗？不适合。如果缺乏有效监督，无法管理好自己的游戏时间，本该用于学习的时间就会像河水一样溜走，很有可能会给学习带来严重的负面影响。

（9）恋爱会促进学习吗？恋爱会占用我们的时间，但可以尝试两人一起上自习、一起讨论难题，在学习上携手并进。

心灵
充电站

十本有趣的心理学入门书籍

1.《成为更好的自己：许燕人格心理学30讲》

许燕，机械工业出版社，2020年出版。

【推荐理由】北京师范大学心理学部许燕教授30年人格研究精华提炼，旨在帮助读者破译人格密码，认识自我，了解自我，理解他人，塑造健康人格，展示人格力量，获得更佳成就。

2.《自卑与超越》

阿尔弗雷德·阿德勒，中国友谊出版公司，2017年出版。

【推荐理由】本书是人类心理学先驱阿德勒的著作，作者从探寻人生的意义出发，启迪我们去理解真实的生命意义。全书立足于个体心理学观点，从教育、家庭、婚姻、伦理、社交等多个领域，以大量的实例为论述基础，阐明了人生道路的方向和人生意义的真谛。

3.《活出生命的意义》

维克多·弗兰克尔，华夏出版社，2010年出版。

【推荐理由】本书作者维克多·弗兰克尔是奥地利著名心理学家。第二次世界大战期间，因犹太人身份先后被关押在奥斯维辛等4个集中营。被释放后，他强忍失去亲人的悲痛，以巨大热情恢复专业工作。他的其他重要著作有《医生和心灵》《追求意义的意志》《无意识的上帝》《意义的呼唤》等，还发表过近700篇论文。他先后在209所大学做过演讲，被授予过29个荣誉博士学位。这本书曾经感动千千万万的人，它被美国国会图书馆评选为最具影响力的十本著作之一。

4.《自控力》

凯利·麦格尼格尔，文化发展出版社，2017年出版。

【推荐理由】"自控力"是斯坦福大学广受欢迎的心理学课程。本书为读者提供了清晰的框架，讲述了什么是自控力、自控力如何发挥作用，以及为何自控力如此重要。自控力是人类最与众不同的特征之一，当我们做一件事的时候，自控力能让我们意识到自己在做什么以及为什么这样做。

5.《心理学与生活》

理查德·格里格、菲利普·津巴多，人民邮电出版社，2003年出版。

【推荐理由】这本书写作流畅，通俗易懂，把心理学理论与知识与人们的日常生活与工作相联系，使它成为一般大众了解心理学与自己的极好读物。正如作者所言"心理学是一门与人类幸福密切相关的科学"，它贴近生活，深入实践。本书也是教育部心理指导委员会推荐用书。

6.《沟通的艺术：看入人里，看出人外》

罗纳德·B.阿德勒、拉塞尔·F.普罗科特，北京联合出版公司，2017年出版。

【推荐理由】本书再版15次，畅销40年，被誉为美国权威的沟通教材。书籍内容角度独特，罗列了很多的数据，让人信服，分为"看入人里""看出人外"和"看人之间"三部分，将学术内容和日常生活紧密结合，清晰透视各类沟通主题。

沟通的技巧不是玩弄手段，本书强调真诚、有效的沟通，"伦理原则"这一专栏也将帮助读者寻找沟通困境中的解决方案。

7.《爱的艺术》

艾·弗洛姆，上海译文出版社，2019年出版。

【推荐理由】《爱的艺术》是弗洛姆非常著名的作品，自1956年出版至今已被翻译成32种文字，在全世界畅销不衰，被誉为当代爱的艺术理论专著最著名的作品。弗洛姆认为，如果没有爱他人的能力，如果不能真正谦恭地、勇敢地、真诚地和有纪律地爱他人，那么人们在自己的爱情生活中也永远得不到满足。爱是人格整体的展现，要发展爱的能力，就需要努力发展自己的人格，并朝着有益的目标迈进。

8.《少有人走的路》

M.斯科特·派克，北京联合出版公司，2020年出版。

【推荐理由】作者毕业于哈佛大学，长期从事心理治疗实践，取得了卓著成绩，被誉为"我们这个时代杰出的心理医生"。这是一本震惊世界的图书，它曾在美国著名的《纽约时报》畅销书排行榜连续上榜近20年，创下了出版史上的一大奇迹！《华盛顿邮报》评价：这不仅仅是一本书，它是一种出自内心的慷慨行动。

9.《中国文化心理学》

汪凤炎、郑红，暨南大学出版社，2005年出版。

【推荐理由】心理学虽不是诞生在中国的一门学科，但中国文化中从不缺少心理学思想，这些有中国特色的心理学思想塑造并影响着一代代中国人的心理与行为。本书根植于中国文化的土壤，精选有关中国人的主题，通过深入分析其内涵、类型、表征、成因等，揭示中国人心理特质的形成和发展变化。

10.《得觉的力量》

格桑泽仁，四川大学出版社，2018年出版。

【推荐理由】作为川大的小伙伴，格桑泽仁的书值得一读，开卷有益。

十部经典心理学电影

1.《美丽心灵》

《美丽心灵》是一部由朗·霍华德执导，罗素·克劳、艾德·哈里斯、詹妮弗·康纳利等主演的剧情片。影片讲述了患有精神分裂症的数学家约翰·福布斯·纳什在博弈论和微分几何学领域潜心研究，最终获得诺贝尔经济学奖的故事。

【推荐理由】影片《美丽心灵》是一部以纳什的生平经历为基础而创作的人物传记片，是关于一个一辈子都在和自己精神分裂症抗争的伟大学者的故事。

2.《当幸福来敲门》

《当幸福来敲门》是一部由加布里尔·穆奇诺执导，斯蒂夫·康拉德担任编剧，威尔·史密斯、贾登·史密斯等主演的电影。影片讲述了一位濒临破产、老婆离家的落魄业务员，通过刻苦耐劳善尽单亲责任，奋发向上成为股市交易员，最后成为知名的金融投资家的励志故事。

【推荐理由】这是一部以真人真事为背景，以平淡踏实为基调，以最真实的情节、情绪、情感来打动人心的电影。影片中 "This is little part, it is call happiness"，踩到我们内心柔软处。一个人总是要在付出了一百分的努力后，才可以收获幸福。

3.《阿甘正传》

《阿甘正传》是一部由罗伯特·泽米吉斯执导，汤姆·汉克斯、罗宾·怀特等主演的电影。电影改编自美国作家温斯顿·格鲁姆的同名小说，讲述了先天智障的小镇男孩福瑞斯特·甘自强不息，最终"傻人有傻福"，得到上天眷顾，在多个领域创造奇迹的励志故事。

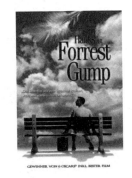

【推荐理由】这是一个经典的成长励志故事，关于勤奋、关于善良、关于坚持，每次看都会有不同的感悟。通过一个"傻子"的成长历程，在美国那段特殊历史背景下，更呈现出震撼人心、撞击心灵的观影效果。"Life is like a box of chocolates, you never know what you're gonna get"，这句话是每一个喜欢《阿甘正传》的人都能背出的一句台词，在这简单的话语中蕴含着每个人都了解但却很难拥有的人生态度。

4.《心灵捕手》

《心灵捕手》是一部由格斯·范·桑特执导，本·阿弗莱克、马特·达蒙担任编剧，罗宾·威廉姆斯、马特·达蒙和本·阿弗莱克等主演的电影。影片讲述了一个名叫威尔的清洁工在教授蓝勃、心理学家桑恩的帮助下，最终把心灵打开，消除了人际隔阂，并找回了自我和爱情的故事。

【推荐理由】《心灵捕手》堪称心理学工作者的电影圣经。电影里的心理学教授桑恩凭借高超的心理学技巧和一颗真诚的心，一步一步治愈了天才问题少年威尔。影片中的威尔无疑是不幸的，因为他有一个惨痛的童年，但他又是极其幸运的，毕竟很多问题少年终其一生都没能遇到伯乐。影片如一杯浓郁的黑咖啡，需慢慢细品。

5. 《盗梦空间》

《盗梦空间》是一部由克里斯托弗·诺兰执导，莱昂纳多·迪卡普里奥、玛丽昂·歌迪亚等主演的电影。影片剧情游走于梦境与现实之间，被定义为"发生在意识结构内的当代动作科幻片"。影片讲述由莱昂纳多·迪卡普里奥扮演的造梦师，带领约瑟夫·高登-莱维特、艾伦·佩吉扮演的特工团队，进入他人梦境，从他人的潜意识中盗取机密，并重塑他人梦境的故事。

【推荐理由】克里斯托弗·诺兰的《盗梦空间》是一部重新唤醒电影的本源之作，是对人类梦境的一出悲喜交加的心灵历险，是一场亦真亦幻的精神长征。影片启示我们，仅拥有触手可及、目力所至的现实是远远不够的，我们必须为现实插上想象的翅膀。

6. 《海上钢琴师》

《海上钢琴师》是一部由朱塞佩·托纳托雷执导，蒂姆·罗斯、比尔·努恩、梅兰尼·蒂埃里主演的电影。影片讲述了一个钢琴天才传奇的一生。1900年，"弗吉尼亚人"号豪华邮轮上，一个孤儿被遗弃在头等舱，由船上的水手抚养长大，取名1900。1900慢慢长大，显示出了无师自通的非凡钢琴天赋，在船上的乐队表演钢琴，每个听过他演奏的人都被深深打动。爵士乐鼻祖杰尼听说了1900的高超技艺，专门上船和他比赛，最后自叹弗如，黯然离去。可惜，这一切的事情都发生在海上，1900从来不愿踏上陆地，直到有一天，他爱上了一个女孩，情愫在琴键上流淌。他会不会为了爱情，踏上陆地开始新的生活，用他的琴声惊艳世界？他将怎样谱写自己非凡的人生？

【推荐理由】如果要列一个榜单，评选有哪些电影会让你在看完之后，心头思绪涌动却不知如何整理、感慨万千却不知从何说起，那么《海上钢琴师》一定会榜上有名。每一个人都从1900之中看到了"自己"，为什么《海上钢琴师》如此经典，为什么1900如此让人着迷？除了电影中1900的传奇经历和丰富的主题以外，更重要的是，每个人都能在1900身上找到自己的影子，或者说1900身上有着许多人都期待的东西。影片以1900身上最为淳朴的特质，通往了每个人的心底，以至于1900从我们眼前走过一遭，便已经在所有人心里留下抹不去的痕迹。

7.《吮拇指的人》

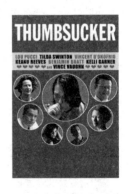

《吮拇指的人》是一部由迈克·米尔斯执导，卢·泰勒·普奇、蒂尔达·斯文顿、文森特·多诺费奥、基努·李维斯等主演的电影。影片讲述了高中生贾斯汀为了克服吮拇指这个幼稚的习惯费尽心思，却意外导致周围的人都陷入一片混乱的故事。贾斯汀已经17岁了，但却保持着像婴儿一样吮拇指的习惯，这成为父母经常争吵的导火线，也让他在心仪的女同学面前毫无自信。在家人和医生的影响下，贾斯汀认为这个习惯是错误的并想要克服这个难缠的习惯，而在改变这个习惯的意愿背后，隐藏的是贾斯汀对成长的不自觉的渴望。

【推荐理由】每个人都有其不为人知的习惯，在其他人眼里，主人公就是个怪胎。他胆小懦弱，不善于与别人交流。当他烦躁时、困惑时、难过时，似乎只有治疗药片能拯救他。每个人的青春期都或多或少地有过迷茫、躁动、愤怒和困惑。故事中的严肃、真挚、诙谐，都是那段青春时光不可抵抗的魅力。

8.《记忆碎片》

《记忆碎片》是一部根据乔纳森·诺兰的短篇小说 *Memento Mori* 改编而成的悬疑影片，影片由克里斯托弗·诺兰导演，盖·皮尔斯、凯莉·安妮·莫斯、乔·潘托里亚诺、小马克·布恩等主演。影片讲述了患有"短期记忆丧失症"的莱昂纳多·谢尔比必须根据自己支离破碎的记忆来找到杀害自己妻子的凶手的故事。

【推荐理由】这是一部值得反复观看的"烧脑"剧，运用了心理学的诸多元素和大量的"蒙太奇"手法，能很好地锻炼推理能力和逻辑思维的悬疑电影。影片是诺兰导演的代表作，获得了相当大的成功。不过多剧透，小伙伴有时间的话，就看起来吧。

9.《火柴人》

《火柴人》是一部由雷德利·斯科特执导，尼古拉斯·凯奇、山姆·洛克威尔、艾莉森·洛曼等出演的电影。"火柴人"是美国俚语，说的就是男主角这种靠小玩意也能骗到钱的骗子。

【推荐理由】这是一部由尼古拉斯·凯奇主演的经典电影，男主角的演技自不必说。男主角是个复杂的角色，患有精神疾病，有严重的洁癖和强迫症。他靠行骗为生，几乎每次都能获得"成功"，但他也有个致命弱点，就是亲情，一个巨大的"骗局"正在等待着他。影片非常有趣，观看后还能提高防骗意识。

10.《肖申克的救赎》

　　《肖申克的救赎》是一部由弗兰克·德拉邦特编剧并执导，蒂姆·罗宾斯、摩根·弗里曼等主演的电影。影片根据斯蒂芬·埃德温·金的中篇小说《肖申克的救赎》改编，主要讲述了男主角银行家安迪因被诬陷枪杀妻子及其情人入狱，与为狱友走私各种违禁商品的埃利斯成为朋友，安迪不动声色、步步为营地谋划自我拯救，并最终成功越狱、重获自由的故事。

　　【推荐理由】这是心理学电影经典中的经典，也是必看的推荐剧目之一。关于希望、关于自由、关于坚毅、关于勇气、关于人性、关于体制化……历久弥新，我们在思考，《肖申克的救赎》到底救赎了什么？影片非常值得反复观看，因为每一遍你都会有不一样的感受。